AF229113

ÉTUDE
SUR LA CRISE POLITIQUE EN FRANCE

PAR SUITE DE LA DISSOLUTION

DE LA

CHAMBRE DES DÉPUTÉS

En vertu de l'acte du 16 mai 1877

ET MOYENS D'EN SORTIR

Par A. MAURIZE

PRIX : **30** CENTIMES

TOURS

CHEZ LES PRINCIPAUX LIBRAIRES

Août 1877

ÉTUDE

SUR LA CRISE POLITIQUE EN FRANCE

PAR SUITE DE LA DISSOLUTION

DE LA

CHAMBRE DES DÉPUTÉS

En vertu de l'acte du 16 mai 1877

ET MOYENS D'EN SORTIR

PAR A. MAURIZE

PRIX : **30** CENTIMES

TOURS

CHEZ LES PRINCIPAUX LIBRAIRES

Août 1877

ÉTUDE

SUR LA CRISE POLITIQUE EN FRANCE

PAR SUITE DE LA DISSOLUTION

DE LA

CHAMBRE DES DÉPUTÉS

En vertu de l'acte du 16 mai 1877

ET MOYENS D'EN SORTIR

Au moment où doivent avoir lieu de nouvelles élections pour essayer de dénouer la crise parlementaire qui résulte de la dissolution de la chambre des députés votée par le Sénat, en vertu de l'acte du 16 mai dernier, dans le but de faire cesser, ou au moins d'atténuer autant que possible le conflit et l'antagonisme qui existe entre les deux assemblées plus ou moins souveraines, ce qui ne sera pas chose facile, bien que les crises parlementaires ne soient pas rares en France, puisque c'est un des caractères de la révolution dont la France n'est pas encore délivrée, malheureusement pour elle. Il paraît donc très utile d'étudier la situation, afin d'y jeter s'il se peut quelque lumière au milieu de l'obscurité qui nous environne, car dans l'état de trouble et de malaise où se trouve la France

depuis longtemps, elle change souvent de physiono-
mie.

I.

La lutte est aujourd'hui entre le Sénat et la chambre
des députés, lutte de prépondérance et d'autorité :
en d'autres termes entre ce qu'on appelle la chambre
haute et la chambre basse, ou pour parler plus exac-
tement entre la majorité de ces deux assemblées, et
il parait évident que la majorité de la chambre des
députés, quoique dissoute, se propose, si elle rentre
en scène, de faire d'abord le maréchal de Mac-Mahon
échec et mat, afin de le renverser totalement, ainsi
que l'armée qui défend l'ordre social, mais qui les
gêne considérablement. Et puis ensuite de supprimer le Sénat lui-même, attendu, suivant les 363
républicains répudiés, qu'un seul pouvoir parlementaire, qu'une seule assemblée suffit pour représen-
senter ce qu'ils appellent la souveraineté de la nation. Dès lors, on ne voit pas pourquoi ce ne serait
pas aussi bien le Sénat qui aurait la préférence que
l'assemblée dite nationale, car il émane également du
principe de l'élection dans une mesure plus ration-
nelle, et il représente au moins tout autant la nation,
si pas plus, et d'une manière plus acceptable. Mais il
est très probable que les 363 républicains dont il
s'agit se trouvaient sans doute et se trouvent encore
fort humiliés d'être considérés comme étant la
chambre basse, eux qui prétendent avoir la supré-
matie, sous le prétexte et l'apparence trompeuse
qu'ils représentent exclusivement la nation tout

entière, ce qui est une très-grande exagération et par conséquent très-loin d'être exact.

Il s'agit donc de savoir en ce moment laquelle des deux assemblées, ou des deux majorités, représente le mieux en réalité la nation française et la patrie dans son ensemble, ses intérêts essentiels, ses conditions d'existence et de stabilité. Il doit paraître incontestable que c'est évidemment la chambre haute puisqu'elle est nommée avec plus de maturité, en dehors même du gouvernement, par ce qui peut être considéré comme l'élite de la nation et non la chambre basse qui ne représente que la révolution fondée sur le plus criminel désordre et le soi-disant suffrage universel, non la nation dans son intégralité, son unité, ses relations et sa civilisation.

II.

Or les fameux 363, ou même les 359 qui forment aujourd'hui le parti de l'opposition, ne représentent non pas la France entière, il s'en faut de beaucoup, ni ce qu'ils appellent le nombre, ou la majorité de la nation, mais à peine un dixième de sa population, et seulement le tiers environ du corps électoral pris dans sa totalité, car ils ne sont que le produit de l'élection et ne peuvent par conséquent représenter que ceux qui les ont nommés, qui ont voté pour eux, et pas autre chose.

Cependant ils ne se font aucun scrupule de se poser non-seulement comme représentant la souveraineté du peuple, qui n'est pas toute la nation à

beaucoup près, ni même tout le peuple (ce qui sup-
poserait l'unanimité), mais comme représentant l'opi-
nion publique et la nation tout entière, car il ne leur
suffit pas de représenter seulement leur république,
qu'ils veulent imposer arbitrairement à tout le monde
au nom de la liberté, sans dire au juste, du moins
en ce moment, en quoi elle consiste définitivement
et ce que cela veut dire ; qui ont en un mot la prétention d'être au moins la France elle-même, ce qui
est un mensonge et un charlatanisme effronté, et ce
qui est loin par conséquent d'être honnête et de
bonne foi ; mais en république on n'y regarde pas
de si près. Encore un peu ils représenteraient l'Europe entière.

Toutefois, il est présumable que ces messieurs, ou
ces citoyens si l'on veut, ne représentent en réalité
qu'eux-mêmes, tout en formant provisoirement une
ligue individuelle, un assemblage hétérogène sans
aucun mandat déterminé, sans aucun plan d'organisation, sans aucun principe d'ordre, sans aucune
garantie de mérite et de capacité, et qui traitent et
résolvent à leur manière, souvent à l'aide de mots
vides de sens, des questions auxquelles ils n'entendent
la plupart du temps absolument rien. Qui ne savent
que détruire et renverser, soit par aveuglement, soit
par sottise, soit dans un but qui se devine, mais
qu'ils n'osent encore avouer, en se proposant même de
désorganiser préalablement, pour plus de facilité, la
magistrature entière pour la rendre élective et la
placer sous leurs suffrages et leur domination,
après avoir aboli l'armée pour armer à ce qu'il paraît
tout le monde, ce qui ne serait certainement pas plus

économique. Tristes réformateurs qui ne connaissent même pas les conditions d'existence des sociétés civilisées et qui veulent transformer les nations à l'aide de fausses institutions et de moyens qui n'ont souvent aucune forme réalisable et dont le peuple ne saurait tirer aucun profit légitimement acquis. Qui veulent extirper ce qu'ils appellent la lèpre du clergé, tandis que c'est eux qui sont une lèpre et un affreux érésipèle qui défigure la nation française. Qui paraissent ne pas comprendre qu'il n'y a pas de société possible ni de civilisation sans devoirs à accomplir et qu'il faut une religion et une autorité supérieure pour dire en quoi ils consistent, pour les enseigner et les faire observer. Qui ne veulent pas d'une religion officielle soutenue par l'Etat en vertu de ses engagements pour compenser le dépouillement du clergé auquel ils veulent encore interdire le droit à la propriété territoriale, dans l'intention sans doute d'arriver à supprimer la religion elle-même comme étant un fanatisme ou une idolâtrie, quoique sans religion il n'y ait pas de société possible, et qu'en fait de moralité et de devoirs ils n'entendent relever que d'eux-mêmes et néanmoins gouverner, ce qui exigerait cependant d'honorer Dieu au lieu de se mettre à sa place.

Telle est en réalité la chambre basse dans sa majorité qui se qualifie induement d'Assemblée nationale au lieu d'Assemblée républicaine, sinon démagogique, ou radicale, et qui paraît vouloir se rallier par l'audace à l'école de Danton.

Des esprits faux ou égarés et d'ignorants républicains qui parlent de la science comme les aveugles des couleurs, s'imaginent que la science peut remplacer la religion et en tenir lieu, comme si la science pouvait donner la foi, l'espérance et le sentiment de la Divinité sur lesquels les religions sont fondées et être à la portée de tout le monde sans exception, même des femmes, des enfants et des classes ouvrières, ce qui ne leur est certainement pas nécessaire et ne pourrait que les détourner de leurs occupations. Il leur suffit évidemment d'avoir un certain minimum d'instruction. Les savants proprement dits ne peuvent jamais être qu'en petit nombre dans une nation et ne sauraient faire la pluralité. D'ailleurs en fait de gouvernement et d'ordre social il n'y a rien de plus incapable qu'un vrai savant, préoccupé de ses découvertes, de ses recherches et de ses investigations, n'ambitionnant même pas le pouvoir. Mais on comprend très-bien cependant que des républicains qui n'ont généralement pas d'autre but que de s'attribuer le plus de droits et de jouissances possibles, en échappant à tous les devoirs, se proposent d'abolir la religion qui les gêne, ou au moins de lui retirer toute influence et toute autorité, peu importe la question d'éducation.

Il ne manquerait plus à la malheureuse France que de retomber dans les mains des intrigants et des escamoteurs de l'appel au peuple qui l'ont conduite dans l'abîme où elle se trouve. Qui ne représentent en réalité au nom du peuple, que l'usurpation, la dictature et le césarisme dans les plus mauvaises conditions. C'est, il est vrai, la conclusion et le couronnement de la République, même avec des prétentions héréditaires, ce qui est le côté

plaisant de cette institution sans garantie de mérite et de probité. Ce n'est au fond qu'une des
formes de la révolution, car la révolution ne repose
que sur la violence, la déloyauté et le despotisme,
et non sur la liberté qui n'est là qu'une enseigne
pour tromper les gens et égarer les peuples. Et si la
France pouvait jamais retomber sous la domination
du parti bonapartiste, ce serait assurément pour elle
une honte difficile à effacer et un malheur bien difficile à réparer, en risquant même de sombrer sous
une nouvelle dictature de l'incapacité.

Il est toutefois facile de concevoir que le césarisme ou le pouvoir absolu, placé entre les mains
d'un homme très supérieur, très sage et très éclairé,
animé de bonnes intentions, d'un caractère droit,
honnête et ferme, ne relevant que d'une situation
exceptionnelle et de son initiative, ou d'un principe
d'ordre nécessaire, comme par exemple un Marc-
Aurèle, un Charlemagne, un Henri IV, pourrait
rendre de grands services à une nation égarée et
désorganisée, la remettre dans sa voie et lui impri-
mer un mouvement salutaire, mais un César établi
en apparence non sur la souveraineté d'une nation,
mais sur la souveraineté du peuple, dans le but de
le rendre seul responsable de son pouvoir, c'est-à-
dire sur la partie la plus aveugle et la plus igno-
rante d'une nation, dans la dépendauce nominale
de ce peuple, avec mission de le gouverner, de le
moraliser et de le discipliner, en lui subordonnant
les classes supérieures et la nation même, il n'y a
rien de plus faux et de plus absurde, et un pareil
César, un pareil auto-démocrate ne saurait être un

honnête homme. Il ne peut être qu'un homme sans
valeur, un saltimbanque ou un filou de haute école,
et ne peut que démoraliser et perdre une nation
placée sous sa direction, ainsi que le second empire
en a donné la plus irrécusable démonstration. Et ce
qui explique pourquoi il y a encore en France parmi
les révolutionnaires et les hommes flottants, sans
convictions, sans jugement un assez grand nombre
de bonapartistes, dit-on, c'est qu'ils aiment mieux un
gouvernement qui ait à rougir devant eux que
d'avoir à rougir devant lui, afin que son autorité
soit moins respectable.

Sans doute la France, désorganisée par la révolution, a besoin d'être réorganisée sur une base aussi
large que possible, afin d'y élever un édifice solide,
mais ce ne sont pas les républicains, c'est-à-dire les
révolutionnaires, qui peuvent le faire, puisqu'ils
ne savent que détruire et bouleverser. D'ailleurs ils
n'en auraient même pas le droit. Et en supposant
qu'ils représentent les besoins de la nation, ils sont
certainement incapables de les satisfaire et d'assurer
son avenir, car la République, comme l'a fort bien
dit un républicain même, est le provisoire perpétuel.

III.

Dans cet état de choses, et pour le salut de la
France, afin d'arrêter la révolution et l'effondre-
ment de l'ordre social, il paraît absolument nécessaire que la chambre basse soit supprimée entière-
ment, ou qu'il ne lui soit accordé que voix consul-
tative et non voix délibérative et législative, attendu

que deux assemblées égales, deux pouvoirs égaux
en lutte sur les mêmes questions et en conflit perpétuel d'autorité, ne peuvent que paralyser le mouvement ou n'engendrer que secousses, soubresauts
et catastrophes, car c'est dans la Chambre des députés telle qu'elle est constituée depuis longtemps,
avec ses droits et ses prérogatives, et qui est censée
représenter le pays, qu'a toujours résidé et que ré-
side plus que jamais l'élément révolutionnaire qui
a renversé tous les gouvernements, mêmes les plus
nécessaires, et il n'y a pas de gouvernement durable,
ni même possible avec une aussi fausse et une aussi
dangereuse institution. Aussi a-t-elle la prétention
aujourd'hui d'être le gouvernement elle-même, ce
qui à son point de vue est logique il est vrai ; mais
si cette prétention pouvait se réaliser, ce serait pour
la France la fin de la civilisation et de la France elle-
même. Il n'y a de pouvoirs possibles émanant des
peuples par voie électorale que dans les pays où
il existe une puissante aristocratie capable de les
équilibrer, et un gouvernement respecté.

Dès lors, le Sénat seul, comme représentant les
intérêts généraux et l'élite de la nation, doit avoir
exclusivement voix délibérative et législative, sauf à
consulter la chambre basse, ou seconde chambre (qui
pourrait représenter le travail et les corporations
sans être si nombreuse), et à soumettre à l'avis du
conseil d'Etat, toutes sections réunies, pour plus de
garanties, ses délibérations et ses actes. Après cet avis,
qui donnerait peut-être lieu à des modifications ou à
des additions, le vote des lois, d'abord provisoire,
deviendrait définitif. Ces lois pourraient être dues à

diverses initiatives; seulement il faudrait qu'aux 75 sénateurs inamovibles le gouvernement ajoutât 75 autres sénateurs nommés par lui et pris dans les sommités de la science, des beaux-arts, de l'agriculture, de l'industrie, du clergé et de la grande propriété, avec toutes les conditions nécessaires d'honorabilité. Après quoi le gouvernement serait chargé de l'interprétation, de l'exécution et de l'application des lois, ou même d'y apposer son *veto* motivé, si cela était indispensable, jusqu'à nouvel examen, en vertu de sa responsabilité devant Dieu et devant les hommes. D'ailleurs aucun gouvernement, quand il est dans des mains honnêtes et qu'il repose sur un principe d'ordre véritable et respecté, n'a intérêt à mal gouverner et à ne pas s'entourer d'hommes capables et éclairés, car il ne peut avoir en vue, comme pouvoir supérieur, et pour son honneur même, que la grandeur et la prospérité de la nation à la tête de laquelle il se trouve placé et qu'il dirige puisqu'il y trouve également sa gloire et son profit.

IV.

Mais il ne suffit pas d'avoir de bonnes intentions, si les bonnes actions ne les accompagnent, pas plus qu'il ne suffit de faire des discours et des manifestes. Il faudrait en même temps que le gouvernement abordât un commencement d'organisation industrielle et professionnelle, en créant d'abord pour son usage et ses besoins des établissements et des ateliers de production pour les fournitures et les travaux applicables au service de l'État et des grandes administrations publiques, comme cela a déjà lieu par exemple, sur une certaine échelle, pour les compagnies de chemins de fer et pour l'imprimerie de l'Etat qu'on appelle l'imprimerie nationale, et cela sur une base nouvelle et une classification qui aurait autant que possible un caractère sociétaire hiérarchisé avec des moyens de retraite pour les ouvriers et les ouvrières épuisés par l'âge et le travail. Car il est certain que le mouvement révolutionnaire et désorganisateur qui nous envahit ne peut être arrêté que par un mouvement contraire qui implique une organisation plus étendue, plus complète de la civilisation et de l'activité humaine, ce que les républicains appellent peut-être l'organisation du travail, qu'ils ne sauraient réaliser, ou qu'ils ne comprennent probablement que sous forme d'ateliers nationaux, dont on peut encore se souvenir.

Il serait également nécessaire de donner une attache territoriale à l'armée par la création de colonies agricoles ou de fermes régimentaires, et d'apporter de notables améliorations dans les conditions de l'agriculture et des agriculteurs. Enfin il faut en arriver à créer pacifiquement une Société nouvelle et vraiment progressive au sein de l'ancienne Société qui est en voie de s'écrouler.

Et premièrement ce qu'il serait en outre très-désirable d'établir c'est que le président actuel de ce qu'on appelle la République fût nommé lieutenant général du royaume, afin que son autorité soit moins contestée, sauf à remettre le pouvoir en temps et lieu à qui de droit, car la France, on ne

peut trop le répéter, ne saurait être républicaine,
du moins à la manière dont l'entendent les révolutionnaires, puisque leur république, au nom de ses
vaines formules, ne repose que sur la révolte, la
mauvaise foi, l'antagonisme le désordre en toutes
choses, l'individualisme, le despotisme, l'anarchie
et l'athéïsme.

Cependant sans la religion on ne voit pas ce qui
représenterait le christianisme, et sans le christianisme on ne voit pas ce qui représenterait la civilisation, puisque c'est sur le christianisme, inter-
prété et représenté par l'Eglise catholique et la monarchie que repose la civilisation, car il est incontestable que c'est la religion et la monarchie qui ont
créé la civilisation en France, mais il faut recon-
naître qu'une civilisation qui a pu aboutir à l'abo-
minable révolution française est au moins très-
incomplète et très-peu solide. Il est donc urgent de
la consolider (1).

« Sans aucun doute la révolution n'est pas un
effet sans cause, mais elle ne renferme en elle-
même aucune solution. » Elle a évidemment pour
cause les imperfections et les lacunes de l'ordre social, mais si ces imperfections et ces lacunes peuvent établir en faveur des révolutions des cir-
constances atténuantes, elles ne sauraient jamais
excuser leurs crimes, et des républiques nées de
pareilles révolutions ne sauraient être nées viables.

(1) Voir la brochure intitulée: *De la nécessité de la Religion pour les nations.*

V.

Il ne paraît pas probable qu'on puisse conjurer les dangers qui nous menacent et sortir de la crise où nous sommes par d'autres moyens et d'une autre manière ainsi que cela vient d'être indiqué. Mais il faut de toute nécessité faire quelque chose, car les nations ne peuvent rester dans l'incertitude et l'inertie; et il est impossible d'établir en France et dans les Etats de l'Europe les anciennes républiques d'Athènes et de Rome disparues depuis tant de siècles et qui reposaient sur le paganisme et l'esclavage, à moins que l'Europe ne retombe en pleine barbarie dont le christianisme l'a fait sortir. Les républiques modernes ne sont que des imitations plus ou moins complètes de ces anciennes républiques et qui n'en ont même plus les conditions, sont donc tout ce qu'il y a de plus arriéré, de plus rétrograde et de plus insensé, malgré les prétentions des républicains actuels qui s'imaginent représenter le progrès, et il n'y a pas d'état social possible à base populaire, laquelle est contraire aux intérêts du peuple même qu'elle laisse sans protection, et ne peut engendrer que le désordre, l'anarchie et la guerre civile, ainsi qu'on en a un exemple frappant et irrécusable par les républiques du nouveau monde en soulèvements perpétuels et qui ne sont que des formes de la barbarie, si ce n'est même de la sauvagerie.

Les républiques modernes ne sont donc en réa-

lité que des comédies quand elles ne tournent pas
au drame, et ne consistent que dans l'art de tromper son semblable et de faire passer dans sa poche
l'argent qui est dans la poche d'autrui par toutes
sortes de moyens plus ou moins avouables, car ce
n'est pas seulement un jeu qu'il s'agit de savoir
jouer, c'est un stratagème et leur mobile secret est
souvent le vol, la friponnerie, le pillage et la spolia-
tion au nom d'une fausse fraternité, d'une absurde
égalité et d'une dangereuse liberté qui n'est au fond
que le désordre poussé jusqu'au crime sous toutes les
formes et non l'honneur, la vertu, la justice et
l'équité.

Montesquieu a dit que les monarchies étaient
fondées sur l'honneur et les républiques sur la
vertu. Mais il est difficile de comprendre qu'il
puisse y avoir de l'honneur sans vertu et de la
vertu sans honneur. Quoiqu'il en soit c'est la monarchie qui a créé la France, et dès lors le principe
monarchique y est absolument nécessaire. C'est
également sur ce principe fondamental qu'existe
l'Europe entière et la civilisation chrétienne. Il y a
donc lieu d'espérer que sous l'influence de la Religion la paix du monde résultera un jour de l'union
et du perfectionnement des monarchies qui sont les
véritables républiques.

Saint-Symphorien, près Tours, le 10 août 1877.

IMPRIMERIE ERNEST MAZEREAU.